U0605010

新型电力系统发展蓝皮书

《新型电力系统发展蓝皮书》编写组　组编

中国电力出版社
CHINA ELECTRIC POWER PRESS

图书在版编目（CIP）数据

新型电力系统发展蓝皮书 /《新型电力系统发展蓝皮书》编写组组编 . — 北京：中国电力出版社，
2023.9（2025.7 重印）

ISBN 978-7-5198-8076-7

Ⅰ.①新⋯　Ⅱ.①新⋯　Ⅲ.①电力系统－工业发展－研究报告－中国　Ⅳ.① F426.61

中国国家版本馆 CIP 数据核字（2023）第 157185 号

审 图 号：GS 京（2023）1269 号

出版发行：中国电力出版社

地　　址：北京市东城区北京站西街 19 号（邮政编码 100005）

网　　址：http：//www.cepp.sgcc.com.cn

责任编辑：苗唯时（010-63412340）

责任校对：黄　蓓　常燕昆

装帧设计：郝晓燕

责任印制：石　雷

印　　刷：三河市万龙印装有限公司

版　　次：2023 年 9 月第一版

印　　次：2025 年 7 月北京第五次印刷

开　　本：787 毫米 ×1092 毫米　16 开本

印　　张：4

字　　数：35 千字

印　　数：13001—13500 册

定　　价：32.00 元

版 权 专 有　侵 权 必 究

本书如有印装质量问题，我社营销中心负责退换

编委会

主　任　章建华

副主任　林山青　余　兵　任京东　何　洋

委　员　黄学农　杜忠明　徐东杰　张益国　张　琳
　　　　李　军　冯升波　李　健　李　晖　程其云
　　　　周保荣　魏慎洪　郭婷婷

编写组

组　长　何　洋

副组长　杜忠明

组　员　谭洪江　孙　鹤　高耀宇　王雅婷　王　茜
　　　　刘思远　张恩辉　崔　阳　蔡　琛　王一珺
　　　　郭慧倩　曹敏健　王跃峰　马实一　段　聪
　　　　高　岩　李　硕　魏　玲　朱　蕾　刘禹含
　　　　闫　方　葛小宁　李云伟　蒋陶宁　王　娟
　　　　邓良辰　刘小聪　谢光龙　元　博　王智冬
　　　　蒋维勇　王　菲　索之闻　黄　豫　杨再敏
　　　　雷　成　黎立丰　付　超　卢斯煜　郭知非
　　　　卓映君　赵新一　李俊彪　张健赟　孙　灏
　　　　高星照　宋　寅　曹　蕃　李同辉

前　言

　　当今世界，百年未有之大变局加速演进，气候变化、局势动荡给全人类生存和发展带来严峻挑战，全球能源产业链供应链遭受严重冲击，国际能源价格高位振荡，能源供需版图深度调整，新一轮科技革命和产业革命深入发展，能源电力系统的安全高效、绿色低碳转型及数字化智能化技术创新已经成为全球发展趋势。

　　改革开放以来，我国电力系统规模持续扩大、结构持续优化、效率持续提升、体制改革和科技创新不断取得突破，为中华民族的伟大复兴提供了强劲动力。党的十八大以来，电力行业深入贯彻党中央、国务院关于推进能源革命的战略部署，持续加快高质量发展和低碳转型升级，为社会经济快速发展和人民美好生活用电需求提供了坚强的电力保障。2021年3月15日，习近平总书记在中央财经委员会第九次会议上提出构建新型电力系统，为新时代能源电力发展指明了科学方向，也为全球电力可持续发展提供了中国方案。

为深入学习贯彻党的二十大精神，完整、准确、全面贯彻新发展理念，加快构建新发展格局，全面助力推进能源革命、构建新型能源体系、推动能源高质量发展，在国家能源局统筹组织下，由电力规划设计总院牵头，水电水利规划设计总院、国网能源研究院、国网经济技术研究院、南方电网能源发展研究院、南方电网科学研究院、国核电力规划设计研究院、中国电力企业联合会、国家发展改革委能源研究所、国家能源集团战略规划部、中国大唐集团科学技术研究总院参与，共同编写本蓝皮书。结合新型能源体系建设要求和"双碳"发展战略研判电力系统发展趋势，分析现有电力系统面临的主要问题和挑战，全面阐述新型电力系统发展理念、内涵特征，描绘新型电力系统的发展阶段及显著特点，提出建设新型电力系统的总体架构和重点任务。

目　录

一、发展现状与问题挑战

▶ （一）发展现状

目前我国电力系统发电装机总容量、非化石能源发电装机容量、远距离输电能力、电网规模等指标均稳居世界第一，电力装备制造、规划设计及施工建设、科研与标准化、系统调控运行等方面均建立了较为完备的业态体系，为服务国民经济快速发展和促进人民生活水平不断提高提供了有力支撑，为全社会清洁低碳发展奠定了坚实基础。

电力供应保障能力稳步夯实。截至 2022 年底，我国各类电源总装机规模 25.6 亿千瓦，西电东送规模达到约 3 亿千瓦。全国形成以东北、华北、西北、华东、华中、南方六大区域电网为主体、区域间有效互联的电网格局，电力资源优化配置能力稳步提升。2022 年，全社会用电量达到 8.6 万亿千瓦时，总发电量 8.7 万亿千瓦时。电力可靠性指标持续保持较高水平，城市电网用户平均供电可靠率约 99.9%，农村电网供电可靠率达 99.8%。

电力绿色低碳转型不断加速。截至 2022 年底，非化石能源装机规模达 12.7 亿千瓦，占总装机的 49%，超过煤电装机规模（11.2 亿千瓦）。2022 年，非化石能源发电量达 3.1 万亿千瓦时，占总发电量的 36%。其中，风电、太阳能发电装机规模 7.6 亿千瓦，占总装机的 30%；风电、太阳能发电量 1.2 万亿千瓦时，占总发电量的 14%，分别比 2010 年和 2015 年提升 13 个百分点、10 个百分点。

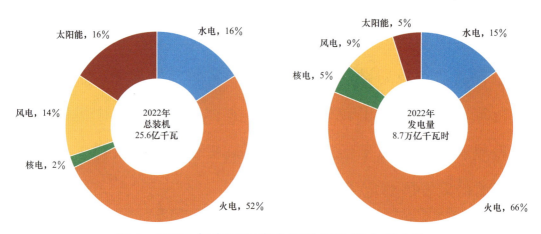

图 1　2022 年全国各类电源装机和发电量占比

电力系统调节能力持续增强。截至 2022 年底，煤电灵活性改造规模累计约 2.57 亿千瓦，抽水蓄能装机规模达到 4579 万千瓦，新型储能累计装机规模达到 870 万千瓦。新能源消纳形势稳定向好，全国风电、光伏发电利用率达到 97%、98%，特别是西北地区风电、光伏发电利用率达到 95%、96%，同比提升 0.8 个百分点、1.0 个百分点。

电力技术创新水平持续提升。清洁能源装备制造产业链基本完备，全球最大单机容量 100 万千瓦水电机组投入运行，华龙一号全球首堆投入商业运行，全球首个具有四代技术特征的高温气冷堆商业示范核电项目成功并网发电，单机容量 16 兆瓦全系列风电机组成功下线，晶体硅光伏电池转换效率创造 26.8% 的世界纪录。全面掌握 1000 千伏交流、±1100 千伏直流及以下等级的输电技术，世界首个 ±800 千伏特高压多端柔性直流工程——昆柳龙直流工程成功投运。大电网仿真技术广泛应用，新型储能技术多元化发展态势明显，工农业生产、交通运输、建筑等领域电气化水平快速提升。

图 2　三代核电示范工程及小型模块化反应堆（一）

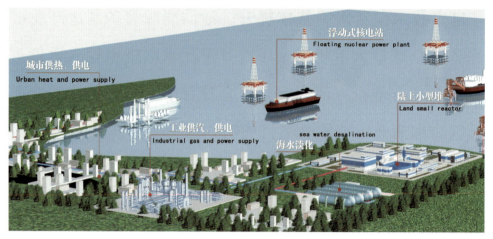

图2　三代核电示范工程及小型模块化反应堆（二）

图3　张北柔性直流电网示范工程及柔性直流输电装备（一）

图 3　张北柔性直流电网示范工程及柔性直流输电装备（二）

电力体制改革攻坚成效突出。2022 年，全国电力市场交易规模进一步扩大，全年完成市场化交易电量 5.25 万亿千瓦时。全国统一电力市场体系启动建设，具有中国特色的电力中长期、辅助服务市场机制和规则体系全面建立，6 个电力现货试点地区进入长周期结算试运行。上网电价改革进一步深化，输配电价改革持续优化，分时电价、阶梯电价机制逐步健全。配售电业务加快放开，多元化市场主体参与的新格局正在形成。用电营商环境持续优化，一般工商业电价连续三年降低，世界银行"获得电力"评价指标排名跃升至全球第 12 位。

▶ （二）问题挑战

　　一是多重因素叠加，部分地区电力供应紧张，保障电力供应安全面临突出挑战。当前国际局势依然复杂多变，能源价格高企，动力煤、天然气等大宗商品价格大幅上涨；国内煤炭、天然气供应紧张，价格处于阶段高位，火电企业经营困难。另外，近年来极端天气突发频发造成电力负荷大幅攀升，也影响了可再生能源出力，增加了电力安全供应压力。长期来看，我国电力需求仍维持稳步增长趋势，尖峰负荷特征日益凸显，规模持续增加，但累计时间短，出现频次低，所占电量小，增加了投资成本与保供难度。新能源装机比重持续增加，但电力支

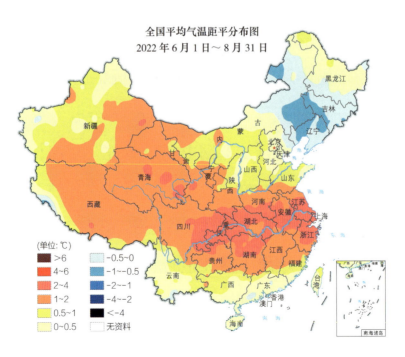

全国平均气温距平分布图
2022年6月1日～8月31日

（单位：℃）

>6	-0.5~0
4~6	-1~-0.5
2~4	-2~-1
1~2	-4~-2
0.5~1	<-4
0~0.5	无资料

图4　2022年我国电力可靠供应难题凸显（一）

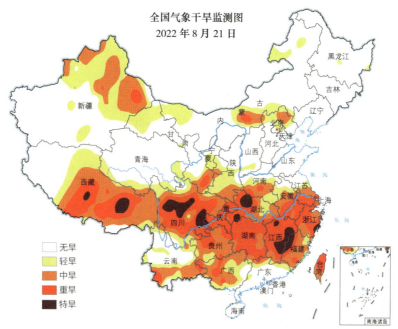

全国气象干旱监测图
2022 年 8 月 21 日

无旱
轻旱
中旱
重旱
特旱

2022 年夏季，电力保供面临"高温、少水、小风"不利局面，区域性高温事件综合强度达到 1961 年有完整气象记录以来最强，同时长江干流和主要支流来水为有水文记录以来同期最枯，四川作为全国水电装机第一大省首次在汛期出现电量短缺。

图 4　2022 年我国电力可靠供应难题凸显（二）

撑能力与常规电源相比存在较大差距，未能形成可靠替代能力。需要始终坚持底线思维，全力保障能源安全，推动构建适应大规模新能源发展的源网荷储多元综合保障体系。

二是新能源快速发展，系统调节能力和支撑能力提升面临诸多掣肘，新能源消纳形势依然严峻。新能源占比不断提高，快速消耗电力系统灵活调节资源，其间歇性、随机性、波动性特点使得系统调节更加困难，系统平衡和安全问题更加突出。部分网架薄弱、缺乏同步电源支撑的大型新能源基地，系统支撑能力不足，新能源安全可靠外送受到影响。近年来，虽然全国新能源利用率总体保持较高水平，但消纳基础尚不牢固，局部地区、局部时段弃风弃光问题依然突出。未来，新能源大规模高比例发展要求系统调节能力快速提升，但调节性资源建设面临诸多约束，区域性新能源高效消纳风险增大，制约新能源高效利用。

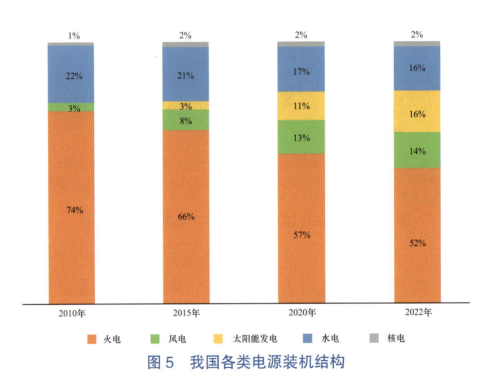

图 5　我国各类电源装机结构

　　三是高比例可再生能源和高比例电力电子设备的"双高"特性日益凸显，安全稳定运行面临较大风险挑战。 相比于同步发电机主导的传统电力系统，"双高"电力系统低惯量、低阻尼、弱电压支撑等特征明显，且我国电网呈现交直流送受端强耦合、电压层级复杂的电网形态，送受端电网之间、高低压层级电网之间协调难度大，故障后易引发连锁反应。中东部地区多条直流集中馈入，本地电源支撑能力弱，电压频率稳定问题严峻，同时形成多个密集通道，电网安全风险突出。随着高比例新能源、新型储能、柔性直流输电等电力技术快速发展和推广应用，系统主体多元化、电网形态复杂化、运行方式多样化的特点愈发明显，对电力系统安全、高效、优化运行提出了更大挑战。

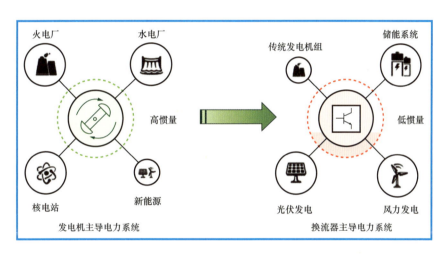

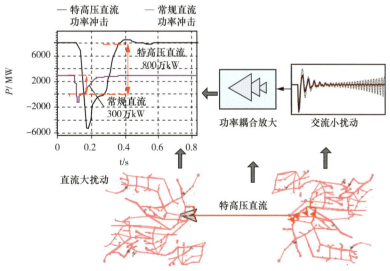

图 6　电力系统安全稳定运行面临风险示意图

四是电力系统可控对象从以源为主扩展到源网荷储各环节，控制规模呈指数级增长，调控技术手段和网络安全防护亟待升级。随着数量众多的新能源、分布式电源、新型储能、电动汽车等接入，电力系统信息感知能力不足，现有调控技术手段无法做到全面可观、可测、可控，调控系统管理体系不足以适应新形势发展要求，需要不断深化电力体制改革和电力市场建设，提升新能源消纳能力和源网荷储灵活互动调节能力。电网控制功能由调控中心向配电、负荷控制以及第三方平台前移，电网的攻击暴露面大幅增加，电力系统已成为网络攻击的重要目标，网络安全防护形势更加复杂严峻，电力系统重点环节网络安全防护能力亟需提升。

五是电力关键核心技术装备尚存短板，电力系统科技创新驱动效能还需持续提升。我国能源电力领域已形成具有较强国际竞争力的完整产业链、供应链和价值链，电力科技整体水平实现从跟跑向并行、领跑的战略性转变，但个别技术领域同世界能源电力科技强国相比仍有差距，先进核电、碳捕捉利用及封存（CCUS）、高效率低成本可再生能源发电装备、大功率柔性输变电装备、长时储能、燃料电池、大型燃气轮机、高温材料、高端电工材料、关键元器件等支撑新型电力系统构建的技术、装备、材料亟需攻关突破。需要加强政策引导，激发创新潜力，打造新型电力系统多维技术路线，推动能源电力全产业链融通发展。

六是电力系统转型过程中面临诸多改革任务，适应新型电力系统的体制机制亟待完善。随着电力系统的转型发展，电力体制改革进入"深水区"，深层次矛盾不断凸显。电力市场不协调不平衡问题较为突出，满足新型电力系统灵活、高效、便捷互动的市场机制和价格体系亟需完善，适应新能源低边际成本、高系统成本、大规模高比例发展的市场设计亟待创新，各类调节性、支撑性资源的成本疏导机制尚需健全，输配电价、上网电价、销售电价改革有待进一步深化。新形势下的电力行业管理体制仍需健全优化，适应高比例新能源和源网荷储互动的电力设计、规划、运行方法有待调整完善，电力监管机制需要创新改革，电力企业治理效能亟待持续提升。

二、形势要求与内涵特征

▶ （一）新形势新理念提出的新要求

党的二十大报告强调："要积极稳妥推进碳达峰碳中和，深入推进能源革命，加快规划建设新型能源体系"，这为新时代我国能源电力高质量跃升式发展指明了前进方向，提出了更高要求。为完整、准确、全面贯彻落实党中央决策部署，积极践行"双碳"战略，推动构建新型能源体系，电力系统必须立足新发展阶段、贯彻新发展理念，重点在功能定位、供给结构、系统形态、运行机理、调控体系等领域顺应发展形势、响应变革要求，主动实现"四个转变"。

一是电力系统功能定位由服务经济社会发展向保障经济社会发展和引领产业升级转变。践行"双碳"战略，能源是主战场，电力是主力军。作为能源供给体系的核心，电力系统发展应逐渐向跨行业、跨领域协同转变，各产业用能方式向全面低碳化转型，以电力供给支撑经济增长，实现经济高效低碳发展。充分发挥技术创新对电力系统转型升级的支撑作用，通过源网荷储各环节的关键核心技术创新和重大装备攻关，推动相关产业"补链""延链""强链"，促进产业结构提档升级。

二是电力供给结构以化石能源发电为主体向新能源提供可靠电力支撑转变。煤电在未来相当长一段时间内仍是我国电力供应安全的重要支撑，需加快煤电清洁低碳化发展和灵活调节能力提升，推动化石能源发电逐步向基础保障性和系统调节性电源并重转型。为实现"双碳"目标，在水电等传统非化石能源受站址资源约束增速放缓、核电建设逐步向新一代先进核电技术过渡的情况下，新能源应当逐步成为绿色电力供应的主力军，并通过提升功率预测水平、科学合理配置调节能力、实施智慧化调度等手段，提高新能源发电事先可感知、事中可调节的能力，建立系统友好型电站，为系统提供可靠电力支撑，助力终端能源消费全面绿色转型升级。

三是系统形态由"源网荷"三要素向"源网荷储"四要素转变，电网多种新型技术形态并存。推动解决新能源发电随机性、波动性、季节不均衡性带来的系统平衡问题，多时间尺度储能技术规模化应用，系统形态逐步由"源网荷"三要素向"源网荷储"四要素转变。考虑到支撑高比例新能源接入系统和外送消纳，未来电力系统仍以交直流区域互联大电网为基本形态，推进柔性交直流输电等新型输电技术广泛应用。以分布式智能电网❶为方向的新型配电系统形态逐步成熟，就地就近消纳新能源，形成"分布式"与"大电网"兼容并存的电网格局。

四是电力系统调控运行模式由源随荷动向源网荷储多元智能互动转变。 新型能源体系下，伴随大规模新能源和分布式能源接入，电力系统调度运行与新能源功率预测、气象条件等外界因素结合更加紧密，源网荷储各环节数据信息海量发展，实时状态采集、感知和处理能力逐渐增强，调度层级多元化扩展，由单个元件向多个元件构成的调控单元延伸，调度模式需由源荷单向调度向适应源网荷储多元互动的智能调控转变。

▶ （二）新型电力系统的内涵和特征

2021 年 3 月 15 日，习近平总书记在中央财经委员会第九次会议上对能源电力发展作出了系统阐述，首次提出构建新型电力系统，党的二十大报告强调加快规划建设新型能源体系，为新时代能源电力发展提供了根本遵循。新型电力系统是以确保能源电力安全为基本前提，以满足经济社会高质量发展的电力需求为首要目标，以高比例新能源供给消纳体系建设为主线任务，以源网荷储多向协同、灵活互动为坚强支撑，以坚强、智能、柔性电网为枢纽平台，以技术创新和体制机制创新为基础

---

❶ 分布式智能电网：基于分布式新能源的接入方式和消纳特性，以实现分布式新能源规模化开发和就地消纳为目标的智能电网，主要领域在配电网。

保障的新时代电力系统，是新型能源体系的重要组成和实现
"双碳"目标的关键载体。新型电力系统具备安全高效、清洁
低碳、柔性灵活、智慧融合四大重要特征，其中安全高效是基
本前提，清洁低碳是核心目标，柔性灵活是重要支撑，智慧融
合是基础保障，共同构建了新型电力系统的"四位一体"框架
体系。

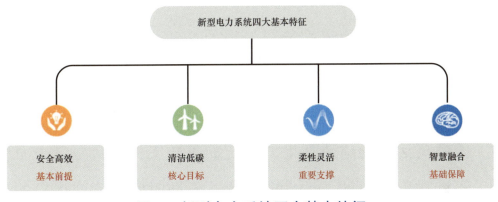

图 7　新型电力系统四大基本特征

安全高效是构建新型电力系统的基本前提。新型电力系统
中，新能源通过提升可靠支撑能力逐步向系统主体电源转变。
煤电仍是电力安全保障的"压舱石"，承担基础保障的"重担"。
多时间尺度储能协同运行，支撑电力系统实现动态平衡。"大电
源、大电网"与"分布式"兼容并举、多种电网形态并存，共
同支撑系统安全稳定和高效运行。适应高比例新能源的电力市
场与碳市场、能源市场高度耦合共同促进能源电力体系的高效
运转。

清洁低碳是构建新型电力系统的核心目标。新型电力系统中，非化石能源发电将逐步转变为装机主体和电量主体，核、水、风、光、储等多种清洁能源协同互补发展，化石能源发电装机及发电量占比下降的同时，在新型低碳零碳负碳技术的引领下，电力系统碳排放总量逐步达到"双碳"目标要求。各行业先进电气化技术及装备发展水平取得突破，电能替代在工业、交通、建筑等领域得到较为充分的发展。电能逐步成为终端能源消费的主体，助力终端能源消费的低碳化转型。绿电消费激励约束机制逐步完善，绿电、绿证交易规模持续扩大，以市场化方式发现绿色电力的环境价值。

　　柔性灵活是构建新型电力系统的重要支撑。新型电力系统中，不同类型机组的灵活发电技术、不同时间尺度与规模的灵活储能技术、柔性交直流等新型输电技术广泛应用，骨干网架柔性灵活程度更高，支撑高比例新能源接入系统和外送消纳。同时，随着分布式电源、多元负荷和储能的广泛应用，大量用户侧主体兼具发电和用电双重属性，终端负荷特性由传统的刚性、纯消费型，向柔性、生产与消费兼具型转变，源网荷储灵活互动和需求侧响应能力不断提升，支撑新型电力系统安全稳定运行。辅助服务市场、现货市场、容量市场等多类型市场持续完善、有效衔接融合，体现灵活调节性资源的市场价值。

　　智慧融合是构建新型电力系统的基础保障。新型电力系统以数字信息技术为重要驱动，呈现数字、物理和社会系统深度融合特点。为适应新型电力系统海量异构资源的广泛接入、密集交互和统筹调度，"云大物移智链边"等先进数字信息技术在电力系统各环节广泛应用，助力电力系统实现高度数字化、智慧化和网络化，支撑源网荷储海量分散对象协同运行和多种市场机制下系统复杂运行状态的精准感知和调节，推动以电力为核心的能源体系实现多种能源的高效转化和利用。

图 8 新型电力系统图景展望

三、三个发展阶段及显著特点

构建新型电力系统是一项复杂而艰巨的系统工程，不同发展阶段特征差异明显，需统筹谋划路径布局，科学部署、有序推进。按照党中央提出的新时代"两步走"战略安排要求，锚定2030年前实现碳达峰、2060年前实现碳中和的战略目标，基于我国资源禀赋和区域特点，以2030年、2045年、2060年为新型电力系统构建战略目标的重要时间节点，制定新型

图9 新型电力系统建设"三步走"发展路径

电力系统"三步走"发展路径，即加速转型期（当前至 2030 年）、总体形成期（2030 年至 2045 年）、巩固完善期（2045 年至 2060 年），有计划、分步骤推进新型电力系统建设的"进度条"。

（一）加速转型期（当前至 2030 年）

我国进入全面建设社会主义现代化国家的新发展阶段，经济社会步入高质量发展模式，产业结构逐步优化升级。立足我国能源资源禀赋，坚持先立后破，有计划分步骤实施碳达峰行动。期间，推动各产业用能形式向低碳化发展，非化石能源消费比重达到 25%。新能源开发实现集中式与分布式并举，引导产业由东部向中西部转移。新型电力系统发展以支撑实现碳达峰为主要目标，加速推进清洁低碳化转型。

电力消费新模式不断涌现，终端用能领域电气化水平逐步提升。新能源跨领域融合、负荷聚合服务、综合能源服务等贴近终端用户的新业态新模式不断涌现，分散化需求响应资源进一步整合，用户侧灵活调节和响应能力提升至 5% 以上，促进新能源就近就地开发利用和高效消纳。电能在工业、建筑、交通等重点用能领域的替代"提速扩围"，终端用能电气化水平提升至 35% 左右，推动形成绿色低碳、高效节能的生产方式和生活方式，充分支撑煤油气等化石能源的碳排放尽早达峰。

碳达峰战略目标推动非化石能源发电快速发展，新能源逐步成为发电量增量主体。在坚持生态优先、确保安全的前提下，结合资源潜力持续积极建设陆上和海上风电、光伏发电、重点流域水电、沿海核电等非化石能源。新能源坚持集中式开发与分布式开发并举，通过提升功率预测水平、配置调节性电源、储能等手段提升新能源可调可控能力，进一步通过智慧化调度有效提升可靠替代能力，推动新能源成为发电量增量主体，装机占比超过40%，发电量占比超过20%。

　　煤电作为电力安全保障的"压舱石"，向基础保障性和系统调节性电源并重转型。我国以煤为主的能源资源禀赋决定了较长时间内煤炭在能源供给结构中仍将占较高比例，煤电作为煤炭清洁高效利用的途径之一，仍是电力系统中的基础保障性电源。2030年前煤电装机和发电量仍将适度增长，并重点围绕送端大型新能源基地、主要负荷中心、电网重要节点等区域统筹优化布局。为支撑"双碳"战略和系统稳定运行，煤电机组通过节能降碳改造、供热改造和灵活性改造"三改联动"，实现向清洁、高效、灵活转型。

　　电网格局进一步优化巩固，电力资源配置能力进一步提升。跨省跨区电力资源配置层面，加快推进以沙漠、戈壁、荒漠地区为重点的大型风电光伏基地建设，充分发挥电网资源优化配置平台作用，进一步扩大以西电东送为代表的跨省跨区通道规模。骨干网架层面，电力系统仍将以交流电技术为基础，保持交流同步电网实时平衡的技术形态，全国电网将维持以区域同步电网为主体、区域间异步互联的电网格局。配电网层面，为促进新能源的就近就地开发利用，满足分布式电源和各类新型负荷高比例接入需求，配电网有源化特征日益显著，分布式智能电网快速发展，促进新能源就地就近开发利用。

储能多应用场景多技术路线规模化发展，重点满足系统日内平衡调节需求。 作为提升系统调节能力的重要举措，抽水蓄能结合系统实际需求科学布局，2030 年抽水蓄能装机规模达到 1.2 亿千瓦以上。以压缩空气储能、电化学储能、热（冷）储能、火电机组抽汽蓄能等日内调节为主的多种新型储能技术路线并存，重点依托系统友好型"新能源＋储能"电站、基地化新能源配建储能、电网侧独立储能、用户侧储能削峰填谷、共享储能等模式，在源、网、荷各侧开展布局应用，满足系统日内调节需求。

数字化、智能化技术助力源网荷储智慧融合发展。 "云大物移智链边"等数字化技术，以及工业互联网、数字孪生、边缘计算等智能化技术在电力系统源网荷储各侧逐步融合应用，推动传统电力发输配用向全面感知、双向互动、智能高效转变。适应新能源大规模发展的新型调度控制体系逐步建成，源网荷储协调能力大幅提升，以数字化转型促进新型电力系统高质量发展。

全国统一电力市场体系基本形成。保障电力系统经济安全稳定运行，电力市场建设逐步完善，统一开放、竞争有序、安全高效、治理完善的全国统一电力市场体系基本建成，促进新能源发展和高效利用、激发各类灵活性资源调节能力。各市场主体在安全保供、成本疏导等方面形成责任共担机制，促进源网荷储挖潜增效。

▶ （二）总体形成期（2030 年至 2045 年）

根据党中央提出的新时代"两步走"战略安排要求，本世纪中叶，我国将建成社会主义现代化强国，经济社会发展将进入相对高级的发展阶段，广泛形成绿色生产生活方式，碳排放由峰值水平稳中有序降低，用能需求增速放缓，综合考虑用能结构转型调整，用电需求在 2045 年前后达到饱和。期间，随着水电、新能源等大型清洁能源基地的开发完成，跨省跨区电力流规模进入峰值平台期。新能源发展重点转向增强安全可靠替代能力和积极推进就地就近消纳利用，助推全社会各领域的清洁能源替代。碳中和战略目标推动电力系统清洁低碳化转型提速，新型电力系统总体形成。

用户侧低碳化、电气化、灵活化、智能化变革方兴未艾，全社会各领域电能替代广泛普及。各领域各行业先进电气化技术及装备水平进一步提升，工业领域电能替代深入推进，交通领域新能源、氢燃料电池汽车替代传统能源汽车。电力需求响应市场环境逐步完善，虚拟电厂、电动汽车、可中断负荷等用户侧优质调节资源参与电力需求响应市场化交易，用户侧调节能力大幅提升。电能在终端能源消费中逐渐成为主体，助力能源消费低碳转型。

电源低碳、减碳化发展，新能源逐渐成为装机主体电源，煤电清洁低碳转型步伐加快。 水电等传统非化石能源受站址资源约束，增速放缓，核电装机规模和应用领域进一步拓展，新能源发展进一步提速，以新能源为主的非化石能源发电逐步替代化石能源发电，全社会各领域形成新能源可靠替代新局面，新能源成为系统装机主体电源。依托燃煤耦合生物质发电、碳捕集利用与封存（CCUS）和提质降碳燃烧等清洁低碳技术的创新突破，加快煤电清洁低碳转型步伐。

电网稳步向柔性化、智能化、数字化方向转型，大电网、分布式智能电网等多种新型电网技术形态融合发展。 跨省跨区电力流达到或接近峰值水平，支撑高比例新能源并网消纳，电网全面柔性化发展，常规直流柔性化改造、柔性交直流输电、直流组网等新型输电技术广泛应用，支撑"大电网"与"分布式智能电网"的多种电网形态兼容并蓄。同时，智能化、数字化技术广泛应用，基于大数据、云计算、5G、数字孪生、人工智能等新兴技术，智慧化调控运行体系加快升级，满足分布式发电、储能、多元化负荷发展需求。

规模化长时储能技术取得重大突破，满足日以上平衡调节需求。新型储能技术路线多元化发展，满足系统电力供应保障和大规模新能源消纳需求，提高安全稳定运行水平。以机械储能、热储能、氢能等为代表的 10 小时以上长时储能技术攻关取得突破，实现日以上时间尺度的平衡调节，推动局部系统平衡模式向动态平衡过渡。

▶ （三）巩固完善期（2045 年至 2060 年）

新型电力系统进入成熟期，具有全新形态的电力系统全面建成。实现全社会绿色转型和智慧升级是本阶段新型电力系统的核心功能定位，高开放性是新型电力系统持续演化、释放更多战略价值潜力的关键驱动力。随着支撑新型电力系统构建的重大关键技术取得创新突破，以新能源为电量供给主体的电力资源与其他二次能源融合利用，助力新型能源体系持续成熟完善。

电力生产和消费关系深刻变革，电氢替代助力全社会碳中和。交通、化工领域绿电制氢、绿电制甲烷、绿电制氨等新技术新业态新模式大范围推广。既消费电能又生产电能的电力用户"产消者"蓬勃涌现，成为电力系统重要的平衡调节参与力量。电力在能源系统中的核心纽带作用充分发挥，通过电转氢、电制燃料等方式与氢能等二次能源融合利用，助力构建多种能源与电能互联互通的能源体系。在冶金、化工、重型运输等领域，氢能作为反应物质和原材料等，成为清洁电力的重要补充，与电能一起，共同构建以电氢协同为主的终端用能形态，助力全社会实现深度脱碳。

新能源逐步成为发电量结构主体电源，电能与氢能等二次能源深度融合利用。依托储能、构网控制、虚拟同步机、长时间尺度新能源资源评估和功率预测、智慧集控等技术的创新突破，新能源普遍具备可靠电力支撑、系统调节等重要功能，逐渐成为发电量结构主体电源和基础保障性电源。煤电等传统电源转型为系统调节性电源，提供应急保障和备用容量，支撑电网安全稳定运行。新一代先进核电技术实现规模化应用，形成热堆—快堆匹配发展局面。增强型干热岩发电、可控核聚变等颠覆性技术有望实现突破并逐步商业化推广应用，为电力系统提供长期稳定安全的清洁能源输出，助力碳中和目标实现。

新型输电组网技术创新突破，电力与其他能源输送深度耦合协同。低频输电、超导直流输电等新型技术实现规模化发展，支撑网架薄弱地区的新能源开发需求。交直流互联的大电网与主动平衡区域电力供需、支撑能源综合利用的分布式智能电网等多种电网形态广泛并存，共同保障电力安全可靠供应，电力系统的灵活性、可控性和韧性显著提升。能源与电力输送协同发展，依托技术革新与进步，有望打造出输电—输气一体化的"超导能源管道"，促使能源与电力输送格局实现变革。

储电、储热、储气、储氢等覆盖全周期的多类型储能协同运行，能源系统运行灵活性大幅提升。储电、储热、储气和储氢等多种类储能设施有机结合，基于液氢和液氨的化学储能、压缩空气储能等长时储能技术在容量、成本、效率等多方面取得重大突破，从不同时间和空间尺度上满足大规模可再生能源调节和存储需求。多种类储能在电力系统中有机结合、协同运行，共同解决新能源季节出力不均衡情况下系统长时间尺度平衡调节问题，支撑电力系统实现跨季节的动态平衡，能源系统运行的灵活性和效率大幅提升。

四、总体架构与重点任务

以习近平新时代中国特色社会主义思想为指导，完整、准确、全面贯彻新发展理念，加速构建新发展格局，着力推动高质量发展，积极稳妥推进碳达峰碳中和，推动能源清洁低碳高效利用。**着力打造以"锚定一个基本目标，聚焦一条主线引领，加强四大体系建设，强化三维创新支撑"为主的新型电力系统总体架构。**以助力规划建设新型能源体系为基本目标，以加快构建新型电力系统为主线，加强电力供应支撑体系、新能源开发利用体系、储能规模化布局应用体系、电力系统智慧化运行等四大体系建设，强化适应新型电力系统的标准规范、核心技术与重大装备、相关政策与体制机制创新的三维基础支撑作用。

▶ （一）加强电力供应保障性支撑体系建设

统筹绿色与安全，推动保障性支撑电源建设，积极发展常规水电、核电，在落实气源的前提下因地制宜建设天然气调峰电站，推动煤电清洁低碳发展、优化发展布局，依托技术创新提升新能源可靠替代能力，构建多元化电力供应体系，推进电力安全应急监督管理体系建设。

一是充分利用各类电源互补互济特性，构建多元绿色低碳电源供应结构。科学有序安排新增电源装机规模、结构和布局，充分发挥水、核、风、光、煤、气等多能互补优势。统筹水电开发和生态保护，积极安全有序发展核电，大力推动新能源开发建设，合理布局清洁高效火电，因地制宜发展生物质能发电。加强负荷中心城市本地电源支撑能力，加强应急备用能力建设，强化黑启动电源建设，为保障电力系统高效安全稳定运行奠定重要基础。

二是稳住煤电电力供应基本盘，推动煤电灵活低碳发展。新增煤电重点围绕送端大型新能源基地、主要负荷中心、电网重要节点，统筹资源、严格管理、科学确定并优化调整煤电项目布局。在受端地区适当布局一批煤炭储配保障基地，提升煤炭应急保障能力。推动煤电灵活性改造和抽汽蓄热改造，加大煤电超低排放改造、节能改造和供热改造力度，推广机组新型节能降碳技术，加快开展新型 CCUS 技术研发及全流程系统集成和示范应用。符合能效、环保、安全等政策和标准要求的机组，"关而不拆"作为应急备用电源发挥作用。推动煤电机组调相功能改造，提高对电力系统的调节支撑能力。

三是打造"新能源 +"模式，加快提升新能源安全可靠替代能力。推进新能源与调节性电源的多能互补，推广电力源网荷储一体化发展模式，强化新能源资源评估和功率预测技术研究，提高预测精度、延长预测周期，完善调度运行辅助决策功能，深化极端天气下功率预测技术研究，加强源荷互动，提高需求侧管理水平，实现源网荷储协同运行。深度融合长时间尺度新能源资源评估和功率预测、智慧调控、新型储能等技术应用，推动系统友好型"新能源＋储能"电站建设，优化调度运行方式，实现新能源与储能协调运行，大幅提升发电效率和可靠出力水平。提升新能源主动支撑能力，逐步具备与常规电源相近的涉网性能。

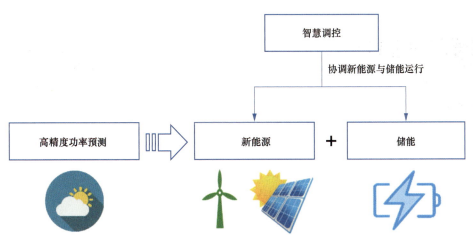

图 10　系统友好型新能源电站示意图

四是统筹不同电力供应方式，实现远距离输电与就地平衡兼容并蓄。坚持"就地平衡、就近平衡，跨区平衡互济"，西部、北部地区着力提升新能源就近消纳利用规模，不断优化跨省跨区输电通道送端配套电源结构，保障输电通道合理利用率，持续提高输电通道清洁能源电量比重。东、中部地区加强受端交流网架建设，为跨省跨区通道馈入提供坚强网架支撑，依托省区外电力与本地电源共同满足新增电力需求，实现"电从远方来"与"电从身边来"相辅相成，提升系统安全稳定运行水平。推进坚强局部电网建设，应对严重自然灾害等可能引发电网大面积停电事故的风险，提升重要负荷中心的应急保障能力。结合产业布局，促进新能源就近就地高效消纳，缓解电网输送压力。

▶ （二）加强新能源高效开发利用体系建设

加大力度规划建设以大型风电光伏基地为基础、以其周边清洁高效先进节能的煤电为支撑、以稳定安全可靠的特高压输变电线路为载体的新能源供给消纳体系。推动新能源集中与分布并举、陆上与海上并举、就地利用与远距离外送并举，构建新能源多元化开发利用新格局。

一是推动沙漠戈壁荒漠地区新能源基地化、主要流域可再生能源一体化、海上风电集约化开发。重点围绕沙漠戈壁荒漠地区推动大型风电、光伏基地建设，结合清洁高效煤电、新型储能、光热发电等调节支撑性资源，形成多能互补的开发建设形式，探索建立新能源基地有效供给和电力有效替代新模式。稳妥推动西南地区主要流域可再生能源一体化基地建设，实现水电、风电、光伏发电、储能一体化规划研究、开发建设与电力消纳。积极推动海上风电集群化开发利用，一体化统筹海上风电的规划、建设、送出、并网与消纳，并逐步由近海向深远海拓展。探索海上光伏开发应用。

二是发挥大电网资源配置作用，推动主干网架提质升级、柔性化发展，支撑高比例新能源高效开发利用。兼顾全国大范围资源优化配置和电网合理分区，加强跨省跨区输电通道建设，提升电力资源优化配置能力，原则上以输送清洁能源电量为主，加强送、受端交流电网，补齐电网薄弱环节。科学优化走廊方案设计，优化输电通道路径，避免造成输电通道过于密集，满足系统安全稳定运行需求。结合新型输电技术，推动直流输电柔性化建设与改造，优化网架结构，形成分层分区、柔性发展、适应性强的主干网架。

三是推动分布式新能源就地开发利用，促进新能源多领域跨界融合发展。加快推动中东部和南方地区分散式风电、分布式光伏发电开发，以就地利用为主要目的拓展分布式新能源开发应用场景。积极推动各具特色的电力源网荷储一体化项目，围绕公共建筑、居住社区、新能源汽车充电桩、铁路高速公路沿线等建筑、交通、农业领域，发展新能源多领域融合的新型开发利用模式。优化加强配电网网架结构，合理配置布点容量，不断丰富配电网调节手段，加快配电网一、二次融合和智能化升级，持续提升配电网灵活性和承载力，满足分布式新能源规模化开发需要。

图 11　新能源多领域跨界融合发展（一）

图 11　新能源多领域跨界融合发展（二）

四是推动分布式智能电网由示范建设到广泛应用，促进分布式新能源并网消纳。围绕分布式新能源并网消纳、边远地区供电保障、工商业园区个性化用能需求等典型场景，积极开展分布式智能电网示范建设。提升分布式新能源可控可调水平，完善源网荷储多元要素互动模式，满足更高比例分布式新能源消纳需求，推动局部区域电力电量自平衡，加快分布式智能电网广泛应用。持续推进配电网标准化、透明化、智慧化建设，适应分布式智能电网发展需要。

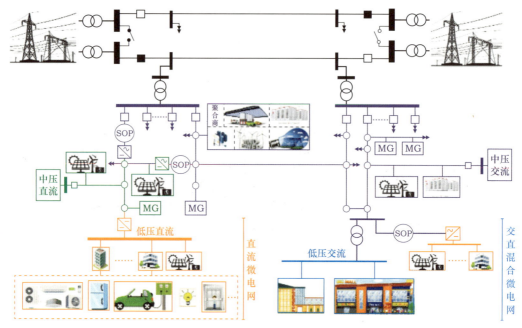

图 12　分布式智能电网

五是推动多领域清洁能源电能替代，充分挖掘用户侧消纳新能源潜力。推动各领域先进电气化技术及装备发展进步并向各行业高比例渗透，交通领域大力推动新能源、氢燃料电池汽车全面替代传统能源汽车，建筑领域积极推广建筑光伏一体化清洁替代。工业领域加快电炉钢、电锅炉、电窑炉、电加热等技术应用，扩大电气化终端用能设备使用比例。积极培育电力源网荷储一体化、负荷聚合服务、综合能源服务、虚拟电厂等贴近终端用户的新业态新模式，整合分散需求响应资源，打造具备实时可观、可测、可控能力的需求响应系统平台与控制终端参与电网调度运行，提升用户侧灵活调节能力。

▶ （三）加强储能规模化布局应用体系建设

积极推动多时间尺度储能规模化应用、多种类型储能协同运行，缓解新能源发电特性与负荷特性不匹配导致的短时、长时平衡调节压力，提升系统调节能力，支撑电力系统实现动态平衡。

一是统筹系统需求与资源条件，推动抽水蓄能多元化发展和应用。抽水蓄能电站建设周期长，开发布局应统筹电力系统需求、站点资源条件，在满足本地电力系统需求的同时，统筹考虑省际间、区域内的资源优化配置，合理布局、科学有序开发建设。积极推进在建项目建设，加快新建项目开工建设，重点布局一批对电力系统安全保障作用强、对新能源规模化发展促进作用大、经济指标相对优越的抽水蓄能电站。创新抽水蓄能发展模式与场景应用，因地制宜开展中小型抽水蓄能电站建设，探索推进水电梯级融合改造，统筹新能源资源条件与抽水蓄能建设周期，持续推动新能源与抽水蓄能一体化发展。

二是结合电力系统实际需求，统筹推进源网荷各侧新型储能多应用场景快速发展。发挥新型储能支撑电力保供、提升系统调节能力等重要作用，积极拓展新型储能应用场景，推动新型储能规模化发展布局。重点依托系统友好型"新能源＋储能"电站、基地化新能源开发外送等模式合理布局电源侧新型储能，加速推进新能源可靠替代。充分结合系统需求及技术经济性，统筹布局电网侧独立储能及电网功能替代性储能，保障电力可靠供应。积极推动电力源网荷储一体化构建模式，灵活发展用户侧新型储能，提升用户供电可靠性及用能质量。推动用户侧智能有序充电，探索智能车网双向互动新模式，有效发挥电动汽车储能充放电资源的峰谷调节作用。加强源网荷储协调调度，探索源网荷储安全共治机制，保障电力系统安全稳定运行。

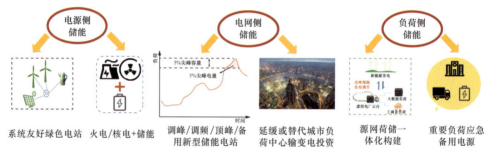

图 13   源网荷各侧新型储能应用场景

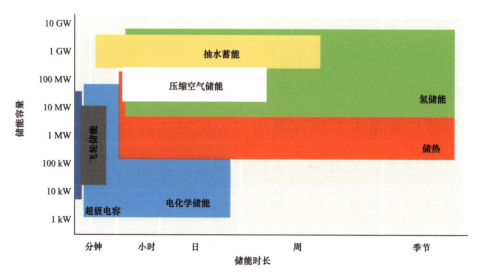

图 14   主要储能形式的储能容量和储能时长

三是推动新型储能与电力系统协同运行，全面提升电力系统平衡调节能力。建立健全调度运行机制，充分发挥新型储能电力、电量双调节功能。推动可再生能源制氢，研发先进固态储氢材料，着力突破大容量、低成本、高效率电氢转换技术装备，开展大规模氢能制备和综合利用示范应用。推动电化学储能、压缩空气储能等新型储能技术规模化应用。优化新型储能发展方式，充分发挥储电、储热、储气、储冷、储氢优势，实现多种类储能的有机结合和优化运行，重点解决中远期新能源出力与电力负荷季节性不匹配导致的跨季平衡调节问题，促进电力系统实时平衡机理和平衡手段取得重大突破。

▶（四）加强电力系统智慧化运行体系建设

依托电力系统设备设施、运行控制等各类技术以及"云大物移智链边"等数字技术的创新升级，推动建设适应新能源发展的新型智慧化调度运行体系，推动电网向能源互联网升级，打造安全可靠的电力数字基础设施，构建能源数字化平台，助力构建高质量的新型电力系统。

一是建设适应新能源发展的新型调度运行体系。提高新能源感知与网络通信能力，提高新能源功率与发电能力预测精度，推广长时间尺度新能源功率预测技术。建设新一代调度运行技术支持系统，统筹全系统调节资源，依托大电网资源配置能力和各地区错峰效应，实现基于电力市场交易的新能源远程集控和多能互补，提升系统平衡能力，支撑新能源快速发展和高效利用，支撑源网荷储协同控制。建设以多时间尺度、平台化、智能化为特征的大电网仿真分析平台，精准掌握电力系统特性变化，构建故障防御体系。构建全景观测、精准控制、主配协同的新型有源配电网调度模式，加强跨区域、跨流域风光水火储联合运行，支撑分布式智能电网快速发展。

二是推动电网智能升级。创新应用"云大物移智链边"等技术，实现源网荷储协调发展，推动各类能源互联互通、互济互动，支撑新能源发电、新型储能、多元化负荷大规模友好接入。加强电网资源共性服务能力建设，全面提高电网优化配置资源能力、多元负荷承载能力及安全供电保障能力。加快信息采集、感知、处理、应用等环节建设，推进各能源品种数据共享和价值挖掘，推动电网智能化升级，构建完整的能源互联网生态圈。强化新型电力系统网络安全保障能力，推进电力行业区域应急力量建设，不断提升网络安全应急处置能力。

三是打造新型数字基础设施。推进电力系统和网络、计算、存储等数字基础设施融合升级，实现电力系统生产、经营管理等核心业务数字化转型。深化电力系统数字化平台建设应用，打造业务中台、数据中台和技术中台，构建智慧物联体系，打造多种通信技术相融合的电力通信网，推广共性平台和创新应用，提高能源电力全环节全息感知能力，提升分布式能源、电动汽车和微电网接入互动能力，推动源网荷储协同互动、柔性控制。

四是构建能源电力数字经济平台。推动各级各类能源云平台建设，强化完善新能源资源优化、碳中和支撑服务、新能源工业互联网、新型电力系统科技创新等功能，接入各类能源数据，汇聚能源全产业链信息，推进数字流与能源电力流深度融合，全方位支撑经济社会发展。加强能源电力数据网络设施建设，推动能源电力数据统一汇聚与共享应用，为能源电力产业链上下游企业提供"上云用数赋智"服务，打造电力市场服务生态体系。

▶ （五）强化新型电力系统标准与规范创新

统筹谋划新型电力系统标准规范顶层设计，形成覆盖源网荷储各环节，涵盖规划设计、工程建设、物资采购和生产运行、维护延寿、退役全过程全生命周期的国家、行业、团体多层次协调统一的新型电力系统标准与规范，促进新型电力系统各环节和产业链整体协调发展。

一是完善源网荷储各环节相关标准，统筹协调推动新型电力系统标准化工作。从电力安全、节能降碳、新技术新业态等方面，推进发电、输变电、配电、电力需求侧和电能替代、储能、节能、碳排放等领域相关标准制修订。推进各领域设备、技术标准化，明确各领域和层级标准关系，加强标准间的统筹协调，开展新型电力系统国际标准框架体系建设。

二是加强电力安全领域标准研究，切实保障电力系统安全稳定运行和电力可靠供应。制定完善电力系统安全稳定运行和控制标准。加强电力信息安全、气象功率数据安全、网络安全标准研究。推进电力应急技术和管理领域的标准研制，提升系统应对极端事件的预防、抵御、响应能力以及快速恢复供电能力。

三是推动电力市场相关标准出台，助力电力市场机制建设。构建覆盖电力中长期、现货、辅助服务市场等电力市场基本交易规则，制定统一的交易技术标准和数据接口标准。促进全国统一电力市场建设、电力资源优化配置、电力系统灵活调节能力挖掘和清洁能源高效利用。开展电力市场与碳市场标准体系的协同研究。

四是提前谋划新技术新业态领域标准，发挥行业引领作用。开展氢电耦合、电力人工智能、电力集成电路、电力区块链、电力智能传感、电力数字平台、电力数据要素等新兴领域标准化制定工作，促进先进电力技术与新一代数字信息技术深度融合应用，助力智慧能源系统建设。

▶ （六）强化核心技术与重大装备应用创新

随着能源电力转型不断深入，源网荷储各环节的功能定位和特性将发生重大调整，系统发展将面临安全性、可靠性、经济性、灵活性等诸多挑战，技术创新将是破题的关键。重点从源网荷储各环节挖掘技术发展潜力，大力推广应用一批关键技术与重大装备，支撑新能源快速发展，推动新型电力系统逐步建成。

一是清洁安全高效发电技术装备领域。以提升新能源发电效率与质量、提高并网友好性与可靠替代能力为核心，推进深远海域海上风电开发及超大型海上风机、高效低成本晶体硅电池、长时间尺度新能源资源评估与功率预测、新能源发电并网及主动支撑、分布式新能源聚合等技术，在电力电子变流器虚拟同步控制技术、新型高功率高耐压电力半导体开关器件研发等领域取得重要突破。以保障核电项目安全、高效、经济、可持续发展为目的，开展核电关键技术优化和新一代核电研发应用，加快推动核能综合利用技术应用，推动高温气冷堆、快堆、模块化小型堆、海上浮动堆等先进堆型技术应用示范，支持核聚变技术研发。以提升煤电发电效率、降低单位碳排放为核心，推进煤电机组节能提效综合升级改造技术，推动适应低负荷、频繁变负荷运行的煤电机组灵活性改造关键技术广泛应用，加快发展煤基超临界 CO_2 发电、整体煤气化燃料电池发电

（IGFC）、碳捕集利用与封存（CCUS）、煤与氢/氨发电系统集成等技术，支持氢（氨）燃气轮机技术、燃气轮机机组大比例掺氢燃烧技术研发。

二是先进灵活高效输配电技术装备领域。 以充分适应未来高比例新能源并网为核心，推动高电压大容量柔性直流和柔性交流输电技术应用研究，重点研发适应大规模新能源输送的特高压柔性直流技术、多端特高压柔性直流技术、柔性直流电网组网技术、可控电网换相换流技术等；研制高效低成本 DC/DC 变换器、新型直流断路器、高可靠性低能耗新型变压器、高压大功率硅基和碳化硅基电力电子器件、高性能新型电工材料等设备器件；推进大容量深远海风电友好送出技术装备研究，突破大容量海缆装备及海上平台轻型化设计关键技术；中远期进一步突破低频输电、超导直流输电等技术。以应对分布式电源渗透率逐步提高和源网荷储灵活互动需要为核心，推进中低压配电网源网荷储组网协同运行控制关键技术、分布式发电协调优化技术、分布式电源并网及电压协调控制技术、低成本高效率低压柔性设备研制技术，实现配电网大规模分布式电源有序接入、灵活并网和多种能源协调优化调度，推动提升配电网运行效能。加强无线输电等颠覆性技术的创新研究。

三是规模化、高安全性储能技术装备领域。 以提升新型电力系统安全稳定运行水平、供电保障能力及灵活调节能力为核心，推动安全、灵活、经济的储能技术广泛应用。研究大型可变速抽水蓄能机组关键技术，统筹规划抽水蓄能重大装备产业布局和技术发展路线，提高抽水蓄能机组等设备效能、产能。重点开展长寿命、低成本及高安全的电化学储能关键核心技术、装备集成优化研究，开发新型储能材料，提升锂电池安全性、降低成本，发展钠离子电池、液流电池等多元化技术路线。研发适应新型电力系统需求的车载动力电池，构建电动汽车负荷聚集系统。大力推动压缩空气储能、飞轮储能、重力储能、超级电容器、热（冷）储能等技术向大规模、高效率、灵活运行方向发展，开展关键技术研究及示范。突破适用于可再生能源电解水制氢的质子交换膜和高温固体氧化物电解制氢等关键技术，开展氢储运／加注关键技术、燃料电池设备及系统集成关键技术研发和推广应用，研发纯氢气燃气发电机组。

四是电力系统安全稳定运行技术领域。科学谋划应对新型电力系统的"双高"特征引发的系统稳定问题，在电力系统安全稳定运行技术领域取得根本性突破。研发电力系统仿真分析及安全高效运行技术、含有大规模新能源接入电力系统的动态过程仿真技术等，提升以仿真为核心的新型电力系统分析认知能力。开展宽频振荡分析与抑制技术、直流电网系统运行关键技术、高比例新能源和高比例电力电子装备接入电网稳定运行控制等技术研究，提升电力系统安全稳定运行水平。推动电力系统安全稳定风险在线预防控制技术、新型电力系统综合防御体系构建技术、电力系统非常规安全风险识别及防范等技术研究，提高电力系统安全稳定防御和应急处理能力。

▶ （七）强化相关配套政策与体制机制创新

配套政策与体制机制是构建新型电力系统的制度保障，是充分发挥市场在资源配置中的决定性作用、推动有效市场和有为政府相结合的关键支撑。

一是建立适应新型电力系统的电力市场体系。建立统一开放、竞争有序、安全高效、治理完善的全国统一电力市场体系，推进各类可再生能源参与绿色电力交易，鼓励地方制定符合本地实际的绿色电力交易制度，逐步完善中长期稳定电力供需、现货发现价格、辅助服务保障系统稳定运行的交易机制，加强绿证市场、碳市场、电力市场的有序衔接。持续深化省（区、市）电力市场建设，实现国家市场、省（区、市）/区域电力市场等不同层次市场的相互耦合，在资源流通环节为新型电力系统创造市场环境。研究全国统一电力市场发展规划，强化电力市场基础制度规则的统一。

二是发挥价格政策的关键引导作用。持续深化电价改革，有序放开发电上网电价，完善电网企业代理购电制度，推动各类电源、储能、用户积极参与市场，加快构建起有效反映电力供需状况、功能价值、成本变化、时空信号和绿色价值的市场化电价形成机制，同步强化市场监管，引导电价在合理区间运行。深化输配电价改革，推动输电价格和配电价格分开核定，完善定价制度、理顺电价结构，创新支持新能源更好消纳的输配电价机制。优化跨省跨区输电通道价格机制，打破区域间能源输送消费壁垒，形成以市场为导向的价格体系。完善居民阶梯电价制度。

三是完善新型电力系统建设的投融资和财税政策体系。加大财政支持力度，实施税收优惠政策。对关键技术研发、重大工程示范试点、产业发展与新技术推广应用给予资金支持。优化税收服务环境，落实税收优惠政策。加快推进绿色金融等融资制度创新。建立"政府引导、市场运作、社会参与"的多元化投资机制，拓展融资渠道，提供多方位融资途径。创新金融政策制度，鼓励发展绿色金融产品，为新型电力系统建设提供金融工具支持。

四是打造自主创新的技术研发体系。高质量建设国家重点实验室、工程技术研究中心、国家能源研发创新平台等，统筹科技、教育、人才资源，完善科技创新考核和激励机制。充分发挥大型国有企业技术创新龙头作用。充分利用国内外先进技术，高效支撑新型电力系统建设所需的关键技术研发应用。强化科技研发的多向整合，推进跨领域、跨行业协同创新，推进新型电力系统与其他领域"跨界融合"的发展。

五是构筑绿色低碳、竞争有活力的电力工业体系。推进垄断行业竞争性环节进行市场条件下的适应性调整，推动电网建设业务向社会放开，提升电力研究、勘测设计、建设等环节市场化程度，为新型电力系统建设运行提供与之相配套的电网体制保障。遴选新型电力系统特征显现充分、能源清洁转型较快的典型地区进行新型电力示范区建设，达到先行先试、尖兵推进的效应，重点突破与全面推进并行，促进新型电力系统全面建设。建立新型电力系统产业链保障机制，推动电力装备、运营、服务产业链升级与绿色转型，提前布局中长期初级产品供给，提升自主化水平，支撑新型电力系统建设运行。

六是完善先进高效的电力行业治理体系。强化电力规划引领作用，充分发挥市场机制引导作用，完成电力规划任务，确保电力转型过程中的安全可靠供应，营造公平的市场化环境，合理使用行政调节手段。加强电力规划、建设、运行、交易、价格等多环节统筹协调和监管，加强煤电、新能源、储能、电网等多要素统一管理，适应新型电力源网荷储高效互动的发展需求。强化电力行业监管，各市场主体在安全保供、成本疏导等方面形成责任共担机制，压实各方责任，以电力市场监管和电力垄断环节监管为抓手，探索构建以信用为基础的监管机制，促进新型电力系统有序建设和规范运行。

附件：世界主要发达经济体能源电力转型镜鉴

▶（一）主要发达经济体能源电力转型战略路径

气候变化给全人类生存和发展带来新的挑战。2021 年以来，世界多个国家和地区出现了能源电力短缺的局面，俄乌冲突使得全球能源供需紧张形势进一步演变为能源危机。世界各国正在重新调整能源发展战略，积极促进能源供给来源地的多样化，提高能源战略储备能力，推动能源独立安全发展。

欧盟、美国、日本等发达经济体率先启动能源电力转型，各国新能源发电量近年来呈快速增长趋势。从 2010 年至 2020 年，欧洲地区新能源发电量占比由 7.7% 激增至 23.8%，达 9210 亿千瓦时；美国新能源发电量占比由 4.0% 增长至 12.4%，达 4977 亿千瓦时；日本新能源发电量占比由 2.6% 增长至 12.5%，达 1256 亿千瓦时。各国结合自身资源禀赋、能源战略、技术水平、政策导向，制定了不同的能源电力转型战略与过渡路径。

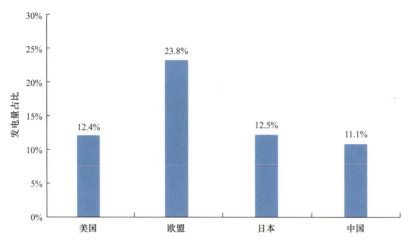

图 15　2020 年中国与世界主要发达经济体新能源发电量占比

欧盟注重碳减排，同时关注能源安全。欧洲预计 2050 年实现碳中和，利用其在绿色技术产业积累的领先优势，积极推动可再生能源发展，从多个层面实现可再生能源替代转型。欧盟主要国家可再生能源快速发展并实现高比例消纳，得益于充裕的发电容量，灵活的发电调节能力，紧凑的电网结构，完善的市场机制，以及可再生能源与其他电源、电网统筹协调规划等多方面因素。近年来，在全球通胀与俄乌冲突叠加下，为保障能源安全，欧盟部分国家被迫重启煤电。

图 16　欧盟能源转型战略

美国注重能源独立，加速能源技术商业化发展。美国始终把能源安全放在首位，电源装机结构以气电为主。美国电力系统转型包括两方面，一方面是由能源低碳化转型驱动的电源转型，包括扩大新能源发电规模、关停燃煤电厂或附加 CCUS 装置等；另一方面是由能源转型和现代社会发展共同驱动的电网转型，大力发展智能电网和微电网。同时，美国高度重视技术攻关，包括氢能技术、先进核电技术、生物燃料技术与地热技术、储能技术。

图 17　美国能源转型战略

日本注重电力稳定供应，积极整合可再生能源与氢能。日本电力系统规模约为我国浙江与江苏两省总和，装机结构以气电、煤电等化石电源为主。其电力系统转型过程中重点关注电力稳定供应，提出将最大限度地开发海上风电、太阳能、地热等可再生能源，推进可再生能源制氢技术的规模化应用，大力发展零排放技术，通过储能、虚拟电厂等手段提升系统灵活性，力求通过能源技术优势弥补资源禀赋的劣势。

图 18　日本能源转型战略

▶（二）对我国新型电力系统构建的借鉴

为适应新能源在系统中电量占比持续提升，国际主要发达国家立足于其国情和发展阶段制定了能源技术发展战略，通过电力转型适应大规模高比例新能源的并网与消纳。目前各国主要通过分布式发电和储能等领域技术革新，推动源网荷储多环节的深度融合，同时积极出台金融、财政、法规制度并完善电力市场建设，助力电力系统转型。各国重点转型措施可为我国新型电力系统构建提供重要参考。

一是提升终端电气化水平。英国拟通过推广基于热泵技术的供热电气化、加速电动汽车普及的交通电气化等一些举措提升终端用能水平。据英国商业、能源和工业战略部（BEIS）预计，英国终端电气化水平将由 2021 年的 16% 上升至 2050 年的 50% 以上。现阶段终端电气化水平相对较高的日本、美国和欧洲一些国家将通过对工业、交通运输、供暖和制冷等领域进行终端电气化改造，使终端用能电气化水平进一步提升至 50%

以上。

二是大力发展分布式新能源。为实现分布式能源的高效利用，各国积极构建分布式能源网络，通过屋顶光伏、分散式风电、储能和微网建设，来满足终端用户对冷、热、电的用能需求。日本分布式发电以热电联产和光伏发电为主，据日本经济贸易产业省（METI）预计，2030 年分布式能源系统发电将占总电力供应的 20%。德国针对分布式新能源并网，制定了一系列技术标准规范和并网检测认证制度，鼓励通过新能源电源远程调控技术等手段增强新能源发电的主动可调节性，满足系统安全稳定运行要求。

三是推进多时间尺度储能规模化发展。在碳中和背景下，各国大力发展以电池储能、压缩空气储能等为代表的长时间储能技术，以提高电力系统调节能力和对新能源的消纳能力。美国国家可再生能源实验室（NREL）预计，2050 年储能功率和储能容量将分别达到 2 亿千瓦和 12 亿千瓦时以上，储能规模相较目前将增长约 10 倍。美国能源部已投入大量资金用于支持全钒液流电池、压缩空气储能等技术研发。2050 年，电网储能时长将以 4 小时、6 小时、8 小时为主，三类储能分别约占储能配置总量的 34%、25% 和 19%。日本积极推动储能规模化发展，预计到 2030 年储能规模将比 2019 年增加 10 倍，商用和家用蓄电池市场规模将达到 2400 万千瓦时，车载蓄电池市场规模也将扩大到 1 亿千瓦时。英国主要以投入公共资金支持储能技术创新，通过发布"工业战略挑战基金"、开展"法拉第挑战计划"等措施鼓励对电池储能延寿、系统规模提升、回收利用等方面进行深化研究。

四是加快布局氢能产业，推动电能与氢能互转利用。以日本、美国和欧洲为代表的发达国家和地区十分重视氢能产业技术创新与发展。美国、德国等制定了与氢能产业相关的发展路线图，拟投入总计数亿美元资金用于开展规模化"制氢、运氢、储氢和氢应用"研究，推进氢能全产业链发展，预计 2050 年加氢站用氢实现 100% 绿电制氢。英国的"绿色工业革命十点计划"提出要推动低碳氢能的应用，到 2023 年，在天然气系统混合氢能比例将达到 20%，部署氢能供热研究并规划建设氢能社区、氢能城镇，2030 年低碳氢能容量预计达到 500 万千瓦。氢电转换方面，日本、欧盟部分国家已在氢燃料电池方面取得阶段性成果，日本计划 2030 年安装 530 万台配有氢燃料电池的汽车。受限于技术及成本因素，清洁氢气在 2035 年之前不会用于大规模电力生产，但会在运输和重工业等其他部门发挥效益。2035 至 2040 年，以氢能为基础的电气化应用将大规模应用。据国际氢能委员会预计，2050 年氢能将承担全球 18% 的终端用能需求。

五是推动 CCUS 技术应用。目前，美国及欧洲一些发达国家和地区选择 CCUS 技术作为碳减排手段，主要通过生物能结合碳捕集与封存技术（BECCS）和直接空气碳捕集与封存技术（DAC）进行碳移除。《美国能源法案2020》授权60多亿美元用于 CCUS 的研究、开发和示范，以推动其成本降低与技术进步。根据国际能源署可持续发展情景（SDS）所展示，2030年欧洲二氧化碳捕集量将增加到3500万吨左右，2050年将达到3.5亿吨。预计当前至2070年间，利用 CCUS 技术捕集的二氧化碳中将有42%来自电力部门。欧盟对 CCUS 项目研究提供了大量的资金支持，地平线欧洲项目部重点扶持 CCUS 的技术研发和创新，现阶段主要针对碳捕集、封存、转换以及碳去除类项目，后续预计还将大力支持碳运输和封存基础设施项目。欧盟创新基金组织主要扶持能源密集型行业的 CCUS 项目以及可再生能源等能为市场带来突破性技术的项目。此外，英国、挪威、荷兰等国家也通过设立基金、投资项目等方式支持 CCUS 技术研发和项目建设。

六是推动大电网的柔性可控互联。大电网互联是实现不同国家地区能源共享、提升电力系统运行调节灵活性的重要手段。处于互联电网中的国家、地区可以有效利用相连区域的资源作为本地新能源的储备电源。目前，德国与周边11个国家直接联网，共有63条交流线路，3条直流线路，跨国线路总输电容量为2960万千瓦，占德国最大用电负荷的39%，与邻国电网间的电力交换已占其总装机容量的 12%。欧盟提出 2030 年各成员国跨国输电能力至少占本国装机容量的 15%。欧洲输电系统运营商联盟（ENTSO-E）对跨国电网互联做出详细规划，利用场景分析深入研究跨地区系统高比例可再生能源与电动汽车、智能电网和储能的深度融合。

七是提升能效管理，加强行业间良好耦合。德国政府发布中长期能效规划《能效管理绿皮书》，考虑将减少能源消耗、避免能源浪费纳入能源政策和市场规划指导进程中；推动供热、制冷、交通等领域与能源领域更好地耦合；加强需求侧管理，在增加可再生能源利用的同时提高系统灵活性。日本建立独特的"能源管理师"制度，能源管理师主要负责对应企业和场所的能源规划和能效管理工作，推进企业与行业、政府的沟通，由政府管理部门、政府主导的专业服务（研究）机构和各个大型用能企业或机构的专业能源管理师组成的三级节能监管体系，为制定和执行节能政策和政府获取企业信息提供了一个有效的系统。

八是积极推进电力市场建设。美国、日本和欧盟一些国家和地区为适应绿色低碳发展需求，在市场设计层面积极构建促进能源低碳转型的市场机制，具体表现在通过丰富市场化交易品种，完善需求侧资源参与市场交易机制等方面。美国各 ISO/RTO 在已有制度的基础上，不断扩大市场范围，出台了多项政策鼓励储能等灵活性资源参与电网调节。CAISO 和 MISO 两家电力系统运营商推出了灵活爬坡产品以通过价格手段引导市场调节资源响应净负荷快速变化，提升新能源可调度性。此外，英国通过政策和市场机制改革，对电力灵活性市场、储能，需求侧响应等方面的政策与市场规则进行调整，消除涉及储能系统并网与市场化的制度障碍。

九是出台金融、财政、法规政策助力低碳产业发展。通过提供低息贷款及设立发展基金，破解可再生能源制造企业融资难的问题；通过征收环境税和对可再生能源投资采取税收优惠等手段，有序引导绿色低碳发展；通过制定市场运行规范，开展市场监督保障可再生能源发展稳步推进。美国在绿电市场方面构建了基于可再生能源配额制（RPS）的合规市场，以规范承担配额义务主体完成可再生能源配额目标。欧盟理事会为支持成员国消费者使用可再生能源，将住宅及公益用途分布式可再生能源发电设备税率调低至 0 ~ 5%。